ÉTUDE SCIENTIFIQUE

SUR

M. MANGON-DELALANDE,

PAR

M. ED. LE HÉRICHER,

Lue à la Société d'Archéologie d'Avranches,
dans la séance de décembre 1847.

Avranches,

E. TOSTAIN, IMPRIMEUR-LIBRAIRE, RUE DES FOSSÉS.

—

1848.

ÉTUDE SCIENTIFIQUE

SUR

M. MANGON-DELALANDE,

Lue à la Société d'Archéologie d'Avranches,

dans la séance de décembre 1847.

Messieurs,

L'estime, la reconnaissance, l'affection m'imposaient le devoir de retracer la vie scientifique de M. Mangon-Delalande : votre invitation a ajouté une nouvelle force à cette obligation. C'est à ce double titre que j'ai entrepris l'investigation et l'étude des travaux que M. Delalande a laissés. Messieurs, cette tâche est difficile : il est difficile, d'abord, de juger dignement de pareils hommes, ensuite d'étudier et d'apprécier les nombreux travaux d'une vie riche

1848

d'années et fécondée par le zèle et l'activité. J'apporterai à cette tâche la pieuse sollicitude qui recueille les souvenirs des morts, et l'attention qui cherche à comprendre.

En vérité, la génération dont nous sommes les fils était une race vigoureuse, énergique et persévérante. Nos pères, quoique à la distance d'un demi-siècle, nous apparaissent déjà comme les hommes lointains d'une époque héroïque, et nous, à qui les temps ne laissent d'autre mérite que de les admirer et de leur élever des statues, nous leurs faibles enfans, nous avons peine à croire à une aussi glorieuse origine : leurs travaux pour la liberté et la gloire ont leurs monumens immortels. Mais on a peut-être moins remarqué leur énergie dans la science. Cependant tous ces héros de l'étude, qui meurent en ce moment ou qui vivent leurs dernières années, ces hommes patiens dans la recherche, sobres dans l'expression, austères dans l'idée, dont la raison profonde contraste avec l'imagination vive et impatiente de la génération actuelle, ils sont les enfans de la Révolution et de l'Empire, et ressemblent un peu parmi nous, jeunes savans, à ces vieux soldats, derniers débris oubliés par la mort, qui vivent seuls ou ne vivent qu'entre eux, ne comprenant presque rien dans notre monde qui ne sait qu'écrire et parler, eux héros d'un monde qui ne savait qu'agir.

M. Delalande appartenait à cette forte génération, et sa longue carrière, de 1769 à 1847, a été partagée entre les études scientifiques et entre ses fonctions de l'Enregistrement, dont il est mort Directeur en retraite. On aime à trouver dans une existence, une unité, une idée dominante, une étoile choisie, à la lueur de laquelle un homme marche dans sa carrière. Assurément, le dévouement à la science, au progrès, à la vérité, dans le cercle de sa spécialité, est un des astres qui resplendit au-dessus des travaux de M. Delalande, et cette unité générale ne manque ni de grandeur, ni de moralité ; mais on aime à trouver des buts plus particuliers et pour ainsi dire plus personnels, avec lesquels on mesure plus sensiblement la part d'un esprit dans le progrès général. Sous ce rapport, deux idées me semblent se détacher du vaste ensemble des travaux de M. Delalande, la nationalité et la réhabilitation des Gaulois.

Messieurs, il y a bien des manières de servir son pays et de travailler à sa gloire : écrire l'histoire, raconter au présent son passé, le bien pour le féconder, le mal pour le haïr et l'éviter, dire aux fils les actions de leurs pères, nécessairement agrandies par la masse et la distance, marquer à un peuple, d'après son passé, son rôle dans l'avenir et sa loi sociale, c'est là une œuvre de citoyen, une tâche patriotique et nationale : c'est à ce point de vue que M. de Clinchamp disait dans une de nos solennités : « Chanter son pays, c'est encore le servir.» Cette idée se retrouve souvent dans les écrits de M. Delalande : elle est comme un esprit qui vivifie l'aridité des détails archéologiques : avec ces grandes idées, il n'y a plus de petits faits dans la science, comme avec les grandes idées morales il n'y a pas d'individus insignifians dans le monde.

On s'est long-temps fait des Gaulois l'idée de peuples sauvages, cachés dans les bois, égorgeant des victimes humaines sur des autels de pierre, et placés au premier degré de l'échelle de la civilisation. Si nous n'avions pas dans nos mains une foule d'objets, monnaies, coins et armes, qui attestent un art sorti de l'enfance et par le travail matériel, et par les symboles, nous avons pour prouver une civilisation avancée les témoignages de l'antiquité, Pythagore, Aristote, César, etc, et d'autres que nous aurons occasion de citer dans l'analyse des travaux de M. Delalande. Mais cette réhabilitation de nos pères, qui triomphe aujourd'hui partout, M. Delalande a eu le mérite de l'entreprendre, il y a

déjà long-temps, et de la continuer avec persévérance.
Il a toujours développé cette idée, toutes les fois qu'il
s'est occupé de monumens celtiques, c'est-à-dire dans
cinq ou six Mémoires. Nous citons au hasard ces fragmens de son *Rapport sur les monumens celtiques de Château-Larcher :* « Déjà j'ai essayé de rétablir quelques
vérités sur le système religieux des Gaulois..... Aujour-
d'hui, je ne veux que donner une simple idée des dis-
positions sociales et du caractère général de la nation
elle-même ; je voudrais venger nos pères de l'injustice
dont ils ont été gratifiés dans l'histoire, où les Romains,
jaloux, leur ont imprimé le nom de sauvages et de
barbares. » Et il va chercher chez les Romains eux-
mêmes les preuves surabondantes de l'état avancé de
la civilisation celtique.

Nous avons à suivre une grande et féconde existence,
pleine de jours et d'œuvres, imposante par son unité,
et pleine de charme par sa variété, une existence qui
ne cause d'autre embarras au biographe que la ri-
chesse. Avoir, pendant cinquante ans, étudié le passé,
publié plus de cent Mémoires, déchiffré et interprété
des centaines d'inscriptions, répandu la vie scientifique
dans trois ou quatre grands centres, fondé et vivifié des
académies, avoir semé des idées d'art et d'histoire dans
la province qui n'a guère d'autre vie intellectuelle que
celle qu'elle puise dans l'archéologie, n'est-ce pas une
noble existence ? n'est-ce pas avoir servi son pays que
d'en avoir fait l'histoire ? n'est-ce pas servir l'humanité
que jeter des idées dans la circulation, et les propager
avec zèle, avec foi, avec dévouement ?

M. Delalande fut surtout un antiquaire romain : César
à la main, il parcourut une partie de la Gaule-Romaine,
avec cette curiosité et cette patience qui sont les deux
grandes conditions de l'archéologie. La topographie de
la Gaule sous les Romains, leurs voies, leurs milliaires,
leurs inscriptions, leurs monnaies, leurs vases, voilà
ses objets favoris, voilà son musée.

Cependant, côtoyant le Moyen-Age, esprit étendu et sympathique, intelligence vive et jeune, il entra plus tard dans cette période qui passionnait le monde dans ses dernières années. C'est surtout parmi vous, Messieurs, qui êtes plus spécialement des archéologues du Moyen-Age, parce que vous n'avez guère que des monumens de cette période, qui en possédez un de premier ordre, dans lequel toute l'histoire de l'art chrétien est représentée à un degré éminent; c'est surtout parmi vous que M. Delalande s'occupa du Moyen-Age. Il s'inspirait de vos monumens et de vos sympathies.

M. Delalande se prépara long-temps en silence à l'archéologie : il lut beaucoup, fit beaucoup d'extraits, hasarda avec lui-même un grand nombre d'hypothèses, avant de rien publier. Nous avons eu sous les yeux le manuscrit confident de ces essais, et nous l'avons parcouru avec beaucoup d'intérêt, trouvant çà et là les germes dont nous avions vu le développement. Il ne commença à écrire avec suite et activité que vers 1820. Ses débuts furent pleins d'expérience et de maturité : il se trouva tout armé sur le champ de bataille. En effet, il engagea tout d'abord une vive polémique.

La lutte est la loi du monde, c'est la vie. La lutte est aussi la vie de la science. Nous aimons ces discussions scientifiques, même avec un peu de passion, sur des points même minimes : elles attestent la pensée, l'intérêt aux idées; l'indifférence, c'est la mort morale. M. Delalande provoqua une de ces luttes dans son Mémoire sur la localisation de Samarobrive à St-Quentin, enlevant cet honneur à Amiens. Son Mémoire, fait avec une déduction rigoureuse, surtout avec une précision topographique presque mathématique, ouvrait la lutte. La Société d'Amiens y répondit par un Mémoire de M. Rigollot; un autre savant, M. Bruneau, localisa Samarobrive à Bray-sur-Somme, le comte d'Allonville fut pour Amiens. M. Delalande répondit à M. Bruneau,

puis, à M. Rigollot; celui-ci fit un second Mémoire.
M. Delalande fait une quatrième dissertation dans laquelle il prend à partie à la fois M. Rigollot et M. d'Allonville. Les journaux des localités intéressées s'occupent de cette question; la mêlée est générale; c'est une pluie d'érudition, de citations, d'étymologies.
M. Bottu expose à la Société de Géographie l'état de la question, esquisse le champ de bataille, et conclut en faveur de l'opinion de M. Delalande. Commencée en 1825, la lutte se termina en 1829. Dans cette période il écrivit un corollaire à cette question, *le Mémoire sur les fouilles de Vermand.*

Du nord de la France, M. Delalande fut transporté vers le midi, au Puy : ce pays fut pour lui un nouveau centre d'études et le sujet du plus étendu de ses ouvrages, *les Antiquités du département de la Haute-Loire.*

L'archéologie du midi de la France présente une association presque inconnue à celle du nord, l'antiquité chrétienne y est implantée sur l'antiquité romaine : le sarcophage, c'est souvent une baignoire antique, la base de la croix un cippe ou un milliaire, l'église s'élève sur le temple, le dieu devient le saint, on assiste à la transformation des symboles, dans les ombres lumineuses jetées entre un crépuscule et une aurore. Ces monumens mixtes sont de ceux qui exercent surtout la sagacité de l'antiquaire : retrouver l'antiquité sous la transformation chrétienne, rendre son temps et son caractère à chaque fragment de cette architecture composite, telle est la difficulté et la gloire de cette belle étude pleine de comparaisons et de curieux enseignemens sur l'art et la civilisation. A voir la sagacité de sa critique, la logique de ses déductions et la modération de ses hypothèses, nous croyons que M. Delalande a triomphé des difficultés de cette archéologie mixte. Toutefois à l'époque où il écrivait, le Moyen-Age était peu connu et peu estimé. Ses études étaient surtout d'un temps passionné pour l'antique, mais peu bienveillant pour l'art qui lui avait succédé : s'il y a sous ce rapport une lacune dans les *Antiquités de la Haute-Loire*, c'est plus la faute de son temps et de ses habitudes scientifiques, que celle de l'auteur, que nous retrouverons, dans ses grandes sympathies pour le passé, un ami et un découvreur dans cette brillante période de l'archéologie.

En 1832, se transportant sur un autre point de la France, ou plutôt de la Gaule, il détermine le pays des Bellocasses, des Viducasses, et des Lexovii, c'est-à-dire des peuples du Calvados ; il localise *Augustodurus* à Bayeux, *Arigenus* à Vieux, et l'ancienne cité des Lexoviens près de l'emplacement actuel de Lisieux ; il découvre ou décrit et interprète de remarquables monumens, spécialement les milliaires de Bayeux, et la célèbre pierre de Torigni, une des plus belles pages de la paléographie gallo-romaine. Dans ce grand travail, les recherches et les études d'antiquités gauloises ont une large part, et l'auteur y témoigne une haute estime pour nos ancêtres, qu'il venge du reproche de cruauté et de barbarie.

C'est ce qu'il a fait aussi dans le Mémoire sur la *Pierre-Levée* de Poitiers.

Certaines antiquités celtiques annoncent un degré avancé de civilisation. Ce qu'on sait de leur religion et de leur philosophie atteste des mœurs bien éloignés de la barbarie. César appelait les Druides des sages ; Ammien-Marcellin les plaçait parmi les génies élevés ; Origène dit que la Bretagne et la Gaule avaient été préparées au christianisme par leurs enseignemens. Ce qui anime et vivifie les travaux de M. Delalande, c'est le sentiment national : il est fier de tout ce qui atteste la civilisation et le courage de nos ancêtres, se plaît à retrouver le présent dans ces antiques élémens, et ceux qui, ne se préoccupant pas des faits de détail et

de localité, portent sur le passé un coup-d'œil général,
y trouveront leur satisfaction et leur profit, aussi bien
que le savant amoureux des détails , passionné pour
les faits et les monumens. C'est que M. Delalande n'é-
tait pas de ces auteurs de monographies qui épuisent
un fait unique et étroit : il embrassait largement une
question, savait tout ce qu'avant lui on avait dit sur
la matière , résumait et jugeait les idées de ses pré-
décesseurs , et formulait son opinion. Nous tirons ce
jugement de l'ensemble de ses œuvres , mais plus particulièrement du livre sur les anciens peuples du Calvados.

Poitiers fut le principal théâtre des travaux de M. Delalande. Au premier rang se place la fondation dans
cette ville de la Société des Antiquaires de l'Ouest, une
des plus fécondes et des plus distinguées de France.
Fonder une association est assurément une grande
chose : c'est donner un centre à des forces éparses ,
ouvrir une voie à des activités qui s'ignorent ou s'en-
dorment , c'est rapprocher les hommes et travailler à
l'unité morale, idéal de l'humanité. L'association scientifique offre un caractère tout particulier de désinté-
ressement, d'élévation, de générosité qui ne se retrouve
pas dans celles dont le but est pratique et intéressé , et
qui visent plus à l'application qu'aux idées. La Société
de Poitiers est devenue le centre de la vie intellectuelle
de l'Ouest : elle a publié une douzaine de volumes de
Mémoires en dix années , elle a conservé et restauré
beaucoup de monumens , popularisé l'étude et le res-
pect des témoins du passé , et nous savons combien
M. Delalande était heureux et glorieux des dévelop-
pemens d'une association dont il était le père, et qui
n'oublia jamais qu'elle était sa fille. La principale cause
qui provoque l'établissement d'une Société archéolo-
gique, c'est la présence des monumens, et, en la créant,
ils lui donnent leur caractère. Ainsi , dans le midi l'ar-

chéologie est spécialement romaine, dans le nord elle est chrétienne, dans l'ouest elle se mélange des deux caractères. Ainsi, Messieurs, établie sur un sol riche en monumens chrétiens, en face du Mont St-Michel, votre association s'est vouée plus spécialement à l'é-tude du Moyen-Age. La cité des Pictons et la capitale du Poitou, offrant les restes d'une double civilisation, devait être le centre d'une Société livrée à une double étude. M. Delalande prit particulièrement le côté anti-que, quoique ce soit surtout à partir de ce moment qu'il tendit vers le Moyen-Age, tendance qui se con-firma parmi nous, et dans son séjour au milieu d'une de ses merveilles, le Mont Saint-Michel.

A Poitiers, M. Delalande découvrit pour ainsi dire la cité des Pictons sous la ville du Poitou : il suffit, pour le prouver, d'énumérer les titres de ses Mé-moires :

Recherches sur l'Aqueduc romain de Poitiers.

Rapport sur les Galeries souterraines ou l'antique en-ceinte de la ville de Poitiers.

Dissertation sur un Tombeau romain, dans laquelle il fait de la curieuse église de Saint-Jean-de-Poitiers le tombeau de Varenilla.

Mémoire sur les Arènes de Poitiers, auquel on peut rat-tacher une étude générale sur les *Combats, luttes,* etc. des cirques des anciens.

Rapport sur les fouilles faites à Poitiers, dans lesquelles on trouva une mosaïque.

Note sur une inscription romaine de Poitiers.

Notice sur plusieurs fragmens de statues en bronze.

Rapport sur un fragment d'inscription de la rue St-Savin, à Poitiers.

Recherches et Preuves concernant l'existence de la ville gauloise de Limonum sur l'emplacement de la ville actuelle de Poitiers.

2

Notice sur une statuette en bronze et une tessère en ivoire, trouvées à Poitiers.

C'est encore à Poitiers qu'il écrivit ses *Etudes paléographiques sur des inscriptions découvertes en Afrique*, qui lui valurent un honorable témoignage du ministre de l'instruction publique, et son *Rapport sur les Monumens druidiques de Château-Larcher.*

J'arrive à la période la plus intéressante pour nos souvenirs, celle que M. Delalande a passée parmi nous. Alors ses études prennent un autre caractère : l'antiquaire gaulois et romain se transforme en antiquaire du Moyen-Age. Cette transformation, ce progrès prouve à la fois la force d'inspiration de nos monumens locaux, et l'étendue de l'intelligence et des sympathies de M. Delalande. Du reste, il était difficile qu'il en fût autrement. En 1840, encore tout couvert de la poussière gauloise et romaine de Poitiers, il est transporté dans le Mont Saint-Michel, la merveille chrétienne, le musée vivant de l'art du Moyen-Age, la réunion la plus complète de tous les styles renfermée dans les deux édifices qui symbolisent toute cette période, le monastère et la forteresse, la religion et la guerre, la science et la force, la paix et le tumulte; enfin un monde de monumens qui, pour l'archéologue, n'a pas le prestige de l'extrême antiquité, cette voix du temps qui ne parle qu'à quelques initiés, mais qui a celui de l'art : cette voix qui parle à tous. Toutefois son premier travail sur cette montagne chrétienne, c'est encore une étude d'antiquité romaine : dans des fondemens, dans les premières couches de ce sol historique, il retrouve le débris romain, la poterie, la médaille : il donne un Mémoire sur les vestiges antiques du Mont St-Michel. Il nous semble voir et suivre le curieux archéologue gravissant la montagne, après avoir interrogé sa base et rédigeant sur sa route des Mémoires sur les objets qui le frappent. A la porte même, il trouve les glorieuses Michelettes, les deux monstres de l'artillerie anglaise, souvenir de la victoire, trophée de la nationalité sauvée, et en sa qualité d'Inspecteur des monumens historiques pour le département de la Manche, il écrit son *Rapport au Ministre* sur ces canons, que le conseil municipal du Mont Saint-Michel avait fait rester sur le théâtre de leur gloire, lorsqu'on voulait les transporter dans les froides salles d'un Musée. En gravissant la spirale qui conduit à la cime, il s'arrête à mi-chemin dans l'église paroissiale, pour voir et y rêver. Semblable au *Old mortality*, il se penche sur les tombes, et il en découvre une, simple et modeste, celle d'un homme de bien, et il écrit sa *Notice* sur l'épitaphe du curé Pierre Raosoye. A quelques pas plus haut, des ruines, vivifiées par la tradition et ranimées par l'histoire, lui donnent la matière de sa *Notice* sur le couvent de Sainte-Cécile et Typhaine Raguenel, l'épouse de Duguesclin. Puis il entre dans le monastère : dans ce labyrinthe monumental, il se promène long-temps, et cherche non pas des sujets à traiter, mais des choses à conserver : l'inspecteur écrit au ministre : « J'ai reconnu que de grands travaux de conservation seraient à faire dans quelques-unes de ses parties les plus riches en ornementation et en architecture. » Ensuite il met à découvert les fresques du chœur noyées dans le badigeon. Enfin arrivé au sommet de la pyramide, il résume sa course dans les temps et les monumens, par sa chronique rimée, intitulée : *le Mont St-Michel.*

Du Mont St-Michel M. Delalande vint habiter Avranches, où il devint Vice-Président, et en 1844 Président de la Société d'Archéologie. Grace à son zèle et à son activité, que n'affaiblissait pas l'âge, et dont son fils continue parmi nous le souvenir, grace à son usage des Sociétés savantes, à l'expérience d'une longue carrière et aux trésors de ses longues études, il a laissé une trace éclatante de son passage parmi nous, et les

souvenirs de sa présidence sont trop vifs et trop ré-
cens pour avoir besoin d'autre chose que d'une rapide
esquisse. Ses travaux scientifiques dans cette période
portent encore généralement sur le Moyen-Age, et con-
tinuent la phase commencée au Mont St-Michel : ce sont
deux *Rapports* sur la Verrière de Martigny, dans le der-
nier desquels il reconnaît les Gosselin pour les per-
sonnages représentés dans cette splendide peinture,
le *Rapport* sur la chapelle de Bouillé, sa *Notice* sur
l'expiation de Henri ii à la porte de la cathédrale d'A-
vranches, les *Rapports* sur les fouilles de St-Gervais.
On vit reparaître l'antiquité dans les *Observations rela-
tives à la géographie ancienne et à la topographie des villes
gauloises*, dans ses *Notices* sur les médailles de M. Mar-
tin, ses recherches sur *Legedia*.

Il s'occupa aussi très-activement pendant l'année de
sa présidence de nombreuses améliorations dans l'organisation de la Société. Nous jouissons du bienfait de
la plupart des changemens opérés sous sa direction,
et je me contenterai d'en donner la nomenclature que
je dois à l'obligeance de notre secrétaire.

M. Delalande a été président depuis le 1er janvier
1844 jusqu'au mois d'avril 1845. Le Réglement est ré-
formé. Etablissement du Bulletin mensuel et du Bulletin de la séance publique. Une Commission de lec-
ture est instituée pour cette séance.

La Société prend le titre de : *Société d'Archéologie, de
Littérature, Sciences et Arts*.

M. Delalande obtient divers beaux ouvrages du ministre. (*Chronique du Religieux de St-Denis. — Icono-
graphie de Didron.*)

Adoption des Conférences. On crée un 4e Conserva-
teur (section d'histoire naturelle.) Régularisation de
la liste des membres.

La musique est invitée aux séances publiques.

En 1845, M. Delalande se retira à Paris où il mourut le 10 juin 1847. Dans cette période, alors que la vie se retirait du corps sans qu'elle abandonnât l'esprit, il fit peu de travaux. Toutefois il ne put pas garder un repos absolu : nous connaissons de lui dans cette période une *Notice sur une Tessère en ivoire*, œuvre que la Société de Poitiers publia après sa mort. Nous savons encore que dans ses derniers jours il écrivit d'une main défaillante une Note sur une médaille de Julien. Il mourait sur le champ de la science : il mourait avec une des plus grandes consolations qui puissent nous sourire à l'heure dernière : des hauteurs de sa vieillesse, il pouvait en partant jeter un regard sur la vallée de son existence, et la voir semée de fleurs, de fruits et de moissons. Puisque la vie n'est qu'un jour, on peut dire d'elle ce qu'on a dit de la journée : la conscience d'un jour bien rempli est le meilleur oreiller pour le sommeil.

J'ai tâché de comprendre et d'interpréter le savant : je voudrais finir en vous parlant du poète et de l'homme.

Il me semble que la physionomie de M. Delalande qui est présente à vos souvenirs, et qui revit dans cette toile qui orne votre Musée, il me semble que cette physionomie, et surtout ce sourire fin et doux, couronné do cheveux blancs, est la vraie image de son talent poétique, tellement que l'artiste qui, sans l'avoir connu, voudrait recréer le poète d'après ses vers, devrait rencontrer idéalement la tête qui fut une réalité. En effet, ce sourire fin et doux est l'expression de la pensée spirituelle, tempérée de bienveillance, d'honnêteté et de sympathie qui forme le fond de ses vers, et ces cheveux blancs, symbole de la sagesse, représentent la morale qu'il tirait toujours des gracieuses poésies qu'il disait avec une bonhommie mêlée d'atticisme qui leur donnait toute leur vie : comme poète, c'était du Voltaire mêlé de Lafontaine.

Pour peindre l'homme, je n'aurais besoin que d'évoquer vos souvenirs : les miens, ravivés par sa correspondance et la vue de quelques témoignages matériels, reliques d'une trop courte amitié, seraient aussi une source abondante ; mais j'aime mieux exprimer nos souvenirs et nos sentimens par une autre voix, dans des termes qui s'appliquent parfaitement à ce que M. Delalande fut parmi nous. Le Bulletin de la Société de Poitiers s'exprimait ainsi quelques jours après sa mort :

« M. Delalande prit la part la plus active à la fondation et à l'organisation de la Société, dont il fut nommé président dans la première séance, tenue le 13 août 1834. Son dévouement de tous les instans aux intérêts de la Compagnie, ses nombreux travaux, l'autorité de sa parole, l'aménité de ses formes, et la bienveillance de son caractère, lui valurent la même distinction en 1836 et 1838 ; et la bonne direction qu'il ne cessa de donner pendant six années, comme président ou vice-président, aux travaux de la Société, dont il fut véritablement l'âme, n'a pas peu contribué à lui assurer la place distinguée qu'elle occupe dans le nombre des corps savans de la France.

» M. Delalande avait quitté Poitiers en 1840, mais il était toujours resté attaché de cœur à la Société qu'il avait fondée ; il lui adressait de fréquentes communications, et le présent Bulletin contient encore la preuve du bon souvenir qu'il gardait des objets d'antiquité recueillis sur le sol de Poitiers, de même que la correspondance affectueuse qu'il entretenait avec plusieurs des membres de la Société montre tout l'attachement qu'il conservait pour ses anciens collègues. Aussi, les regrets causés par sa perte ne sont pas moins vivement sentis à Poitiers que s'il eût continué toujours à résider dans cette ville, où il comptait pour amis tous les hommes qui avaient pu le connaître et apprécier les excellentes qualités de son cœur, qualités qui, chez lui, surpassaient encore les dons si brillans de l'esprit. »

Avranches. — Imp. de E. Tostain.